MONNAIES ANTIQUES

MONNAIES, MÉDAILLES ET JETONS

FRANÇAIS ET ÉTRANGERS

(*Mines, Usines, Salines, Médecine, etc.*)

DÉCORATIONS ET INSIGNES, SCEAUX & CACHETS

OUVRAGES DE NUMISMATIQUE

VENTE AUX ENCHÈRES PUBLIQUES

HÔTEL DES COMMISSAIRES-PRISEURS, 9, RUE DROUOT,

Salle n° 8, au 1er étage,

Le Mercredi 31 Octobre 1906

A 2 heures précises

EXPOSITION UNE HEURE AVANT CHAQUE VACATION

Commissaire-priseur :	*Expert :*
Me MAURICE DELESTRE	M. J. FLORANGE
RUE SAINT-GEORGES, 5	17, RUE DE LA BANQUE

PARIS

La vente sera faite au comptant.

Les acquéreurs payeront, en sus des adjudications, dix pour cent.

L'exposition mettant les acheteurs à même de juger de l'état des pièces, aucune réclamation ne sera admise aussitôt l'adjudication prononcée.

M. J. Florange se charge des commissions qui lui seront confiées aux conditions habituelles (5 0/0 sur la limite).

Il se réserve le droit de diviser ou de réunir les lots.

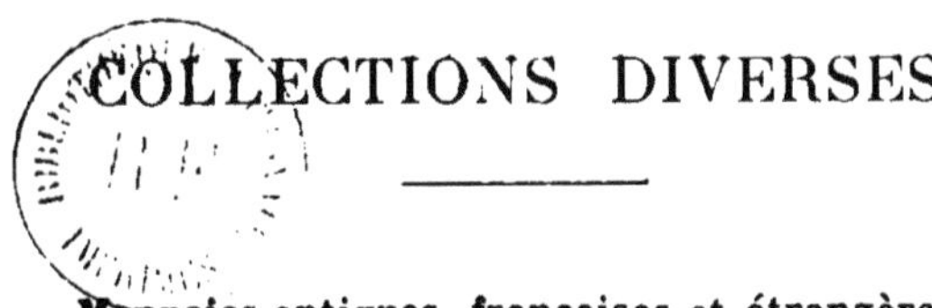

COLLECTIONS DIVERSES

Monnaies antiques, françaises et étrangères

1 Grèce. Monnaies. Arg. et cuiv. — 18 p.
2 Rome. République. As et divisions. Cuiv. — 18 p.
3 — Empire. Deniers. Arg. et billon. Lot à diviser.
4 — — Néron, Domitien, Trajan, etc. G.B. et M.B. Lot à diviser.
5 — — Dide-Julien, Pupien, etc. G. B. et M.B. Lot à diviser.
6 Gaule. Nîmes, Tectosages, etc. Arg., cuiv et potin. — 10 p.
7 — Bractéate à l'effigie d'un empereur romain. Or. B.
8 Triens d'or au type de Justinien. B.
9 Trizay-sur-Lelay (Vendée). Triens (Belf. 4310). Or. B.
10 Romoald II, duc de Bénévent. Sou d'or. TB.
11 France. Philippe VI. Écu d'or (H. 3). B.
12 — Piéfort de l'écu d'or (H. 5. 500 fr.). Billon usé.
13 — Jean le Bon. Franc à cheval (10). Or. B.
14 — Charles V. Franc à pied (2). Or. B.
15 — — Deux autres variétés. TB.
16 — Charles VI. Écu d'or. 2 variétés. TB.
16 *bis*. — — Royal d'or. Orléans. 2 variétés, TB.
17 — Henri VI. Salut d'or. Saint-Lô (3). B.
18 — Charles VII. Écu d'or fr. à Chinon (2). TB.
19 — — Écu d'or fr. à Bordeaux (6). FDC.
20 — — Écu d'or fr. à Rouen (6). FDC.
21 — — Écu d'or fr. à Tours (6). B.
22 — — Royal d'or fr. à Bordeaux (9). TB.
23 — Louis (XI), dauphin. Écu d'or fr. à Montélimar. B.

24 — Charles VIII. Écu d'or au soleil, Tours (2). B.
25 — Louis XII. Écu d'or au soleil, Lyon (1). TB.
26 — François Ier. Écu d'or au soleil, Lyon (4). B.
26 *bis*. — Écu d'or du Dauphiné. B.
27 — Henri II à Louis XVI. Arg. et billon.
28 — Louis XIV. Louis à la mèche longue, 1648 (12). TB.
28 *bis*. — Même louis d'or, 1658. Lyon. B.
28 *ter*. — Demi-louis d'or. 1646. (13) B.
29 — — Louis d'or à l'écu. 1690 (29). TB.
30 — — Écu blanc, 1/4 d'écu et 12e d'écu à la mèche courte. — 3 p. TB.
31 — — Écu blanc et 1/2 écu à la mèche longue. — TB.
32 — — Demi-écu au buste juvénile, 1661 (103). B.
33 — — Écu blanc au buste juvénile, 1663 (102). B.
34 — — Écu et 1/2 écu aux 8 L, 1690 et 1691 (133 et 134). — 2 p. B.
35 — — Demi-écus variés, etc.
36 — — Écu aux 3 couronnes (187). — 2 p. TB.
37 — Louis XV. Louis d'or aux lunettes, 1728, Aix (16). TB.
38 — — Demi-louis d'or aux lunettes, 1726, Montpellier (17). B.
39 — — Louis d'or au bandeau, 1743, Aix (19). TB.
40 — — Écu et 1/2 écu Vertugadin, 1716 (27 et 28). B.
41 — — Petit louis d'argent, 1720, Lille (33). TB.
42 — — Écus de Navarre, 1718, Amiens et Paris (34). — 2 p. TB.
43 — — Écu de France, 1721, Rouen (40). B.
44 — — Écu aux 8 L, 1725, Amiens (45). FDC.
45 — — Écu et 1/2 écu aux lauriers (50 et 51). TB.
46 — — Écu et 1/2 écu au bandeau (56 et 58). B.
47 — — Écu à la vieille tête, 1774, Rouen (63). B.
48 — — Monnaies divisionnaires. Arg. et cuiv.
49 — Louis XVI. Écu de 6 livres 1788, 1789, 1790 et 1791 (11). — 4 p. TB.
50 — — Demi-écus, 1790, 1791 et 1792 (13). — 3 p. TB.
51 — — Monnaies divisionnaires. Arg. et cuiv.

52 — Louis XVI constitutionnel. Écus, 1792, Limoges, et 1793, Orléans (60). — 2 p. B.
53 — — Petit écu, 1792, Paris (62). TB.
54 — — 30 et 15 sous, etc. Arg. et cuiv.
55 — République. Pièce de 6 livres, 1793. B.
56 — — 5 décimes à la fontaine de Robespierre, etc. B
57 — — Pièce de 5 francs, an 7. TB.
58 — Napoléon Ier et sa famille. Pièces de 5 lire, etc. B.
59 — Jérôme Napoléon, roi de Westphalie. 20 francs, 1809. Tête de cheval et J. Or. TB.
60 — Marie-Louise, duchesse de Parme. 5 lire et divisions. Arg. et cuiv. TB.
61 — Charles Louis, roi d'Étrurie. Double écu. 1805. B.
62 — Louis XVIII à Napoléon III. Pièces de 5 francs, etc.
62 *bis* Pièce au ballon 1870. Cuiv. TB.
63 — Bon d'un franc de la Soc. générale 1871. Papier.
64 — Projets de nickel, système de Michelin. 3 var. FDC.
65 — Projet de métal bi-métallique, cuiv. et nickel pur, 1888. Système Martin. TB.
66 — Pièce de 50 cent. 1897. FDC.
67 Strasbourg. Ducat d'or. TB.
68 — Monnaies diverses. Arg. et billon.
68 *bis*. Triens mérovingien (Engel et Lehr. XXX 2). Or pâle. TB.
69 Lot de pfennings concaves trouvés en Alsace et appartenant à Spire, Worms, Mayence, Hanau, etc.
70 Charles VI. Ducat de Transylvanie, 1715. Or. TB.
71 Prusse. Frédéric d'or pour la Silésie, 1745. FDC. Troué.
72 Mayence. Jean de Nassau. Florin de Bingen. Or. TB.
73 Lot de monnaies allemandes. Arg. et billon.
73 *bis*. Gênes. 96 lire. 1792. Or. TB.
73 *ter*. Hollande et Pologne. Ducats, 1831 et 1841. Or. TB.
74 Suisse. Monnaies diverses. Arg. et billon.
75 Monnaies étrangères. Or. Arg. et cuiv.

Médailles et Jetons relatifs aux mines, usines métallurgiques, etc.*

France

76 Jeton aux armes de Mme de Bullion, veuve du surintendant des mines de France, 1643 (7). Plomb bronzé. B.
77 Aniche. Pièce de 30 sous, 1820 (10). Cuiv. — 2 p. TB.
78 — Jeton frappé vers 1840 au buste de sainte Barbe 1774 (12). Arg. oct. TB.
79 Anzin. Jeton au monogramme (18). Cuiv. B.
80 — Jeton au buste de sainte Barbe (24). Br. hexag. FDC.
81 — Jeton au buste de sainte Barbe. ℞. Deux canons en sautoir (28). Arg. TB.
82 — Autre var. à la sainte deb. ℞. Outils de mineur. Épreuve eu plomb. B.
83 Thivencelles et Fresnes. Jeton au buste de sainte Barbe, 1841 (34). Arg. octog. TB.
84 Vieux-Condé. Jeton d'hercheur (39). Métal de cloche. TB.
85 — Jeton de mineur (40). Cuiv. rouge. TB.
86 Douchy. Jeton, 1834 (41). Arg. et br. — 2 p. TB.
87 Bruay. Jeton de présence, 1855 (42). Br. octog. TB.
88 — Société de l'industrie minérale. Congrès de Douai, 1876 (Add. 262). Br. TB.
89 Vicoigne. Épreuve du revers avec liste des administrateurs, 1863 (54 var). Br. 36 mm. TB.
90 Le Creusot-Mont-Cenis. Jeton aux 2 L. entrelacées (73). Cuiv. uniface B.
91 — Inauguration de la statue de M. Schneider, 1879 (75). Br. à bélière. TB.
92 — Médaille de récompense gravée par Borrel et donnée par Schneider et Cie., 1876. Arg. 2 var. 57 et 45 mm. TB.
93 — Autre variété de 1877. Arg. 51mm. TB.

* Les numéros entre parenthèses se rapportent à Florange, *Essai sur les jetons et médailles de mines françaises*. Paris, 1904. In-8°. 4 pl.

94 — Autre variété de 1877. Br. 45 mm. TB.
95 Montchanin-les-Mines. Houillières. Laiton uniface à bélière. *Inédit.* 31 mm. 1/2. TB.
96 La Chazotte et le Treuil réunis (Houillières). (85). Arg. hexag. FDC.
97 Saint-Étienne. Cie générale des Mines de la Loire, 1844 (91). Arg. FDC.
98 — Société anonyme des mines de la Loire, 1854 (92). Arg. octog. TB.
99 Fins et Noyant. Cie des mines, 1785 (97). Cuiv. TB.
100 Carmaux. Mines (100). Métal blanc uniface. TB.
101 La Grand-Combe. Mines et chemins de fer du Gard, 1836. Tunnel et pont de Beaucaire (113). Br. FDC.
102 — Même avers. R'. Noms des sociétaires fondateurs (114). Br. FDC.
103 Portes et Senechas. Un franc (118). Cuiv. rouge. octog. TB.
104 Portes. Un franc (119). Laiton. TB.
105 Robiac. Houillières (126). Cuiv. TB.
106 Trelys. Un franc (131). Maillechort. TB.
107 La Côte-Rouge. Minières. 5, 2, et 1 francs, 0,50, et 0,25., 1889 (135 à 139). Métal blanc. — 5 p. TB.
108 Saint-Étienne. Mines de fer, 1820 (140). Épreuves en étain. TB.
109 Allevard. Hauts fourneaux et forges, (1874). (142). Arg. et br. — 2 p. TB.
110 Wassy-sur-Blaise. 5 centimes (146). Fer hexag. TB.
111 Niederbronn (Alsace). Jeton en fonte de fer (150). AB.
112 Allemont-en-Oysans. Prémices de l'or offertes à Louis XVI par son frère le comte de Provence, 1785 (151). Br. 69 mm. TB.
113 Béarn. Produit des mines de France, 1723, 1724, 1727 et 1728 (153). Cuiv. B.
114 Les Bormettes. Mines de l'Argentière. 5 cent., 1887 (155). Cuiv. TB.
115 — Autre var. de 10 centimes, 1887. Laiton. *Inédit.* TB.
116 La Croix-aux-Mines (Lorraine). Travaux des mines,

Travaux, quintaux, pain de trois livres, livres de viande fraîche et cuite (156, 157, 160 à 162). — 5 p. XVIIIe s. B. et très rare.

117 Sorède (Roussillon). Cie des mines de France. « Cuivre tiré des mines, 1735 » (171). Cuiv. rouge, 42 mm. TB.

118 Maromme, près Rouen. Fonderies, 1790. Cuiv. TB.

119 Longwy. Économat des aciéries. 20 cent. Cuiv. TB.

120 Gorcy. Forges. 5 et 1 fr., 0,50, 0,25 et 0,05, 1882. Laiton. 5 var. TB.

121 Longlaville. Franc et 0, 10. Laiton et cuiv. — 2 p. TB.

122 Ottange. Forges. Dix kilog. de pain. Fer galvanisé. B.

123 — Usines. 4 jetons variés, 1862 (pain, café, potage viande). Laiton. TB.

124 Stiring-Wendel. Mines et hauts fourneaux. 2 jetons variés de la maison alimentaire, 1857. Laiton. TB.

125 Hayange (Mines de la maison de Wendel). Plaques chiffrées en fer blanc. 2 p. B.

126 Burbach, près Algrange. Mines et hauts fourneaux. Plaque chiffrée. Fer blanc. B.

127 Moyeuvre. Fosse « Lothringer » Plaque chiffrée. Fer blanc. B.

128 Salines de l'Est. Jeton au buste de Napoléon Ier (183). Arg. octog. TB.

129 — Jeton au buste de Louis XVIII (186). Arg. octog. TB.

130 Saint-Nicolas-Varangéville. Société du comptoir de l'industrie du sel, des mines de sel et salines (189). Arg. rectangulaire. TB.

131 Salins. Salines. Porterie de la saunerie. Jeton au briquet et aux bâtons noueux enflammés (191). Cuiv. TB.

132 — Jeton à l'écu en losange parti de Savoie et de Bourgogne, 1527 (196). Cuiv. B.

133 — Jeton au buste de Philippe II, 1573 (200). Cuiv. B.

134 — Autre variété, 1577 (201). Plomb. B.

135 — Autre variété, 1588 (205). Cuiv. troué, mais beau.

136 Plan d'Aren. Cie des salines et produits chimiques. Épreuve uniface du revers de la médaille, 1826. Étain octog. TB.

137 Pyrimont-Seyssel. Mines d'asphalte, 1837 (211). Cuiv. octog. TB.
138 Seyssel-Lobsann. Cie des asphaltes, 1839 (212). Cuiv. octog. TB.
139 Belvoye (Jura). Carrières, 1857. Jeton aux armes de Tinseau (214). Cuiv. TB.
140 Petit-Bourg (S.-et-O.). Carrières, 1869. 50 et 10 centimes, etc. Laiton. 3 var. TB.
140 *bis*. Paris. Officiers porteurs de charbon, 1760 (249). Cuiv. B.
141 — Corporation des charbonniers au duc de Bordeaux, vers 1821 (254). Arg. TB.
142 — Jean L'Heullier, marchand de charbon de terre (256). Laiton. B.
143 — Société de Combustibles. Médaille de récompense, s. d. (1905). Br. 37 mm. FDC.
144 — Cie générale d'application et d'exploitation de l'aluminium. 36 mm. TB.
145 Le Vast. Fabrique. 10 et 5 cent. Cuiv. uniface, etc. — 4 p.

Allemagne, Angleterre, etc.

146 Saarbruck. « Bergamtsbezirk. » Jeton s. d. Laiton. B.
147 Wied. Quart de stüber, 1748, 49 et 52. — 3 p. B.
148 Harz. Mines et usines protégées pendant la guerre, 1804. Arg. 44 mm. TB.
149 — Le roi et la reine de Westphalie visitent Clausthal 1811. Br. 2 épreuves. 45 mm. FDC.
150 — Même événement. Florin d'argent, 1811. TB.
151 — Boule sur autel et balance (Kn. 7222 et 7223). Arg. 20 mm. 2 jetons var. B.
152 — Boule sur autel et devise. Cuiv. 20 mm. B.
153 — Ancre sur autel et devise (Kn. 7228). Arg. 19 mm. TB.
154 — Marteau, pic et lampe, et devise (Kn. 7231). Arg. 20 mm. FDC.

155 — Georges V, roi de Hanovre. Écu, 1853. B.
156 — HK entouré de six rosaces. R. Wagonnet d'extraction ; au-dessus, le chiffre 1 entre deux rosaces ; au-dessous, 1678. Jeton en cuivre. B.
157 — Güte des Herrn. Jeton au wagonnet, 1758 (Kn. 7239). Cuiv. TB.
158 — Lautenthaler Hoffnungsstollen. Jeton au wagonnet, 1756 (Kn. 7241). Cuiv. TB.
159 — Officier des mines et monnaies : Bonhorst, s. d., Pfeffer, 1766 et 1768, Seidensticher, s. d., Slanbusc, 1619, Sluter, s. d., Schreiber, 1630. Jetons en cuivre.
160 Hesse. Guillaume IX. Écu des mines de Biberach, 1796. TB.
161 Bade. Léopold. Florin des mines, 1852. TB.
162 Franconie. Frédéric de Brandebourg-Culmbach. Mine « Friedensgrube » à Naila, 1758. Br. 47 mm. TB.
163 Saxe. Fréd.-Auguste, duc. Écu, 1788. TB.
164 — Fréd.-Auguste, roi. Écu, 1855. TB.
165 — Jean. Écu, 1866. TB.
166 — Deux médailles, 1867 et 1879. Étain. TB.
167 Saxe-Ilmenau. Écu, 1697. B.
168 Königsgrube près Wanne. Jeton. Cuiv. TB.
169 Hongrie. François Ier et Marie-Thérèse visitent les mines, 1751. Arg. 2 var. TB.
170 Lend (Styrie). Fonderies. Jetons au chiffre X, 1729, aux chiffres IIII, 1688, 1699 et 1726, aux chiffres I, 1699, 1706, 1715, 1717, 1720, 1728 et 1731. Cuiv. — 11 p. B.
171 Salzthalum. Salines. Jeton s. d. Cuiv. B.
172 Perl (province rhénane). Carrières de dolomite. 2 jetons variés, s. d. (1899). Cuiv. B.
173 Quatre pièces variées. Cuiv. et arg.
174 Anglesey. Mines. Halfpenny, 1788, 91 et 1794. — 3 p. FDC. et B.
175 Bankland. Houillière. Jeton, 1760. Cuiv. 2 var. B. *Rare.*
176 Birmingham. Mining and Copper Company. Halfpenny, 1792 et 1794. — 2 p. B.
177 Birmingham et Swansea. Rose Copper Company. Halfpenny, 1811. TB.

178 Boon Wood. Houillière. Jeton s. d. Cuiv. TB.
179 Broughton. Houillière. Jeton s. d. Cuiv. TB.
180 Clifton. Jeton au griffon, 1735. Laiton. B.
181 Cornouailles. Copper half and ounce, 1791. B.
182 — Penny, 1811 et 1812. — 2 p. B.
183 — Mines. Penny, 1812. B.
184 — Mount Penny, s. d. B.
185 Culross. Houillière du Wester-Main. Trois jetons armoriés, s. d. Cuiv. B. et TB. Rares.
186 Curwen. Houillière. Jeton armorié, s. d. Cuiv. B.
187 Devon. Mines. Penny, 1811. B.
188 Ewanrigg. Houillière. Jeton s. d. Cuiv. troué. B.
189 Graysouthen. Cie houillière. Jeton chiffré. Cuiv. TB. Rare.
190 Hemsworth. Houillière. Jeton s. d. Laiton troué. Rare.
191 Hensingham. Jeton s. d. Cuiv. B. Rare.
192 Irlande. Buste de Jean de Gaunt, duc de Lancastre. R'. Écusson de l' « Associated Irish Miners », 1789. Cuiv. Tranche inscrite. TB.
193 — Cronebane halfpenny. Buste d'un évêque. Revers précédent. Tranche cannelée. B.
194 — Même pièce. 2 var. dans le dessin, avec tranche inscrite. B.
195 — Même pièce contremarquée. Tranche cannelée. B.
196 — Mêmes pièces, 1794 et 1795. Tranche inscrite. TB.
197 — Même pièce, s. d. Tranche inscrite. TB.
198 Landore. Fonderies. British Copper Company. Penny, 1812. B.
199 Landshipping. Houillière. Jeton s. d. Cuiv. B. Rare.
200 Lowther. Jeton au griffon, semblable au n° 180 Lait. B.
201 Mid : Summer. Houillière. Broton C°. Jeton, 1755. Cuiv. TB. Très rare.
202 Moresby. Houillière. Jeton armorié, s. d. Cuiv. TB. Rare.
203 North Stafford district. Association de mineurs. Jetons chiffrés, s. d. Cuiv. — 2 p. var. et trouées. TB.
204 Overend. Jeton chiffré, 1812. Cuiv. TB.
205 Priest field furnaces. Houillières et forges. Two pence et penny, 1811. — 2 p. TB.

206 Rand Union lodge. Jeton troué. Cuiv. B.
207 South shields halfpenny, 1794. « Success to the Coal trade. » Tranche inscrite. FDC.
208 Whitehaven. Jeton armorié, s. d. Cuiv. B. Rare.
209 Indéterminé. Jeton uniface. « B TO M-DAY. » Cuiv. TB.
210 — Jeton. T^r-COALS. R^r. HALF-BARRIL. Cuiv. B. Rare.
211 — Jeton, 1766. Monogramme G P, surmonté des lettres PP. Cuiv. B.
212 — Halfpenny, 1800. Monogramme C. H. C. Cuiv. TB.
213 Belgique. Jochams, ingénieur des mines. Médaille gravée par Wiener et offerte par l'Association charbonnière de Charleroi, 1859. Br. 60 mm. TB.
214 — Le commerce et l'industrie de l'arrondissement de Charleroi à J. Wautelet, 1871. Coin de Wiener. Br. 60 mm. TB.
215 Hollande. Amsterdam. Porteur de tourbe (Dirks, pl. IX, n° 106). Jeton en laiton. TB.
216 Italie. Venise. Jeton de sel (Minal sal), à l'Annonciation. Cuiv. 42 mm. B.
217 Russie. Dombrowa. Mines. Jeton en étain. 2 var. TB.
218 Suède. Mines de Fahlun. Pièces de cuivre. 8 var. B.
219 — Visite du roi Charles XI à la mine de Sahlberg, 1687. Médaille curieuse de Karlsteen. Étain. 54 mm. TB.
219 *bis*. — Lagerhjelm (P.). Jubilé de 50 ans de commerce de fer. Médaille offerte par la Société des mines, 1856. Br. 41 mm. TB.
220 États-Unis d'Amérique. Mines de Californie. 1/2 dollars ronds, 1852 et 53 ; dollar et 1/2 dollar octogones, 1853 ; 1/2 dollar octog. à la tête de Washington, 1872 ; 1/4 de dollar octog. à la tête d'un indien, 1874, et 1/4 de dollar octog., 1885. Or. 7 pièces variées. TB.
220 *bis*. Mexique. Méd. de proclamation offerte à Charles IV par les mineurs de Guanajuato, 1790. Br. 47 mm. TB.
220 *ter*. Chili. Mines de Morado. 20, 10 et 5 centavos. 3 jetons en carton noir et rouge. TB.
221 Pièces indéterminées. Cuivre et carton.

Décorations civiles et militaires, médailles de mérite, de sauvetage, insignes, etc.[1]

221 *bis*. Prix d'agriculture fondé par Raynal (originaire de l'Aveyron) et décerné par l'assemblée prov. de la Haute-Guyenne (Montauban). Sans date. Arg. 38 mm. TB.

222 Abandon de tous les privilèges. Assemblée nationale, 1789 (Henn. 59). Br. doré à bélière. 63 mm. TB. *Sur la tranche* : BOUCHER NGT. DÉPUTÉ DU DÉPART. DU PAS-DE-CALAIS.

222. *bis*. Fédération à Lyon, Paris et Troyes. 1790. Cuiv. 4 var. B.

223 Tribunal de 1re instance. Insigne ovale de Maurisset. Br. doré. 2 var. TB.

223 *bis*. Tribunaux civil et criminel de la Seine. 1795. Br. jaune.

224 Employés du gouvernement. Insigne officiel (1800-1804). LA LOI sur une plaque émaillée, placée sur une étoile, entourée d'un cercle (129). Cuiv. jaune à bélière. TB.

225 Loterie nationale (1797). (*Trésor de numism.*, LXV, 1). Cuiv. jaune à bélière. TB.

226 Médaille d'honneur décernée à Naveteux (Achille), pour son zèle et dévouement dans plusieurs incendies. 1831 (211 var). Br. 28 mm. TB.

227 Sapeurs-pompiers d'Ingouville (Seine-Inférieure). Br. à bélière. TB.

228 Conseil des Prud'hommes (1830-1869). Insigne (196). Arg. avec ruban. TB.

229 — Revers du n° précédent. Épreuve. TB.

230 — *à partir de 1869*. Insigne (447). Arg. avec ruban. TB.

1. Les numéros entre parenthèses se rapportent à l'ouvrage de M. H. v. Heyden « Ehren-Zeichen und Abzeichen in Frankreich. »

231 — Bordeaux. Insigne (448). Br. argenté avec ruban. TB.
232 — Brest — (449) — — TB.
233 — Châteauroux — (450) — — TB.
234 — Hazebrouck — (451) — — TB.
235 — Lille — (452) — — TB.
236 — Lisieux — (453) — — TB.
237 — Lyon — (454). Arg. doré — TB.
238 — Niort — (455). Br. argenté — TB.
229 — Rennes — (456) — — TB.
240 — Saint-Omer — (457) — — TB.
241 — Troyes — (458) — — TB.

242 École de dessin, Paris, 1830. Méd. de prix (225). Br. à bélière avec ruban. TB.

243 Ambulanciers-brancardiers de la Seine, 1864 (340). Plaque émaillée à bélière, avec ruban. TB.

244 Institut protecteur de l'enfance, Paris, 1870. Insigne pour le personnel (360). Cuiv. avec ruban. TB.

245 Société protectrice de l'enfance, Marseille. Insigne décerné en 1881 (361). Arg. à bélière avec ruban. TB.

246 La Croix-Rouge. Société française de secours, 1870-1871 (362). Br. avec ruban. TB.

247 — Même croix du petit modèle. Br. avec ruban. TB.

248 — Ambulance bretonne, 1870-1871 (369 var). Croix. Arg. émaillé 19 mm. avec ruban. TB.

249 — Ambulances de la Presse, 1870-1871 (371). Br. 37 mm. TB.

250 — Autre variété. Jeton de présence. Br. 37 mm. TB.

251 — Monuments de Paris transformés en ambulances militaires, 1870. 9 variétés. Br. 32 mm. TB.

252 — Association des dames françaises, 1879 (459). Arg. avec ruban. TB.

253 — Société française de secours aux blessés militaires. Méd. gravée par Guerchet et décernée en 1886 pour services rendus. Br. 50 mm. TB.

254 Méd. de travail de 3me classe décernée par le Ministère du Commerce et de l'Industrie pour récompense de longs services, 1889. Modèle de 1886 (503). Arg. avec ruban. TB.

255 — Même pièce. Cuiv. avec ruban. TB.
256 — Autre variété. 2e modèle. Pièce décernée en 1893 (507). Arg. avec ruban. TB.
257 Méd. décernée aux employés après 30 ans de service par le Ministère de l'Intérieur, 1899 (528). Arg. avec ruban.
258 Société de secours mutuels, 1865 (543). Arg. doré avec ruban. TB.
259 Institut Confucius de France à Bordeaux, 1873. 1er modèle (552). Arg. doré avec ruban. TB.
260 — Même pièce (553). Arg. avec ruban. TB.
261 — Autre variété. 2e modèle (555). Br. doré avec ruban. TB.
262 Société centrale de sauveteurs. Méd. de Chaplain décernée en 1867. 2e modèle (560). Arg avec ruban.
263 — Même pièce décernée en 1869. Arg. avec ruban varié du précédent. TB.
264 — Autre variété. Méd. décernée en 1871. 3e modèle (561). Arg. avec ruban. TB.
265 Société générale des naufragés. Méd. décernée en 1835 (572). Arg. avec ruban. TB.
266 Soc. des sauveteurs de l'Aisne, 1876 (587). Arg. avec ruban. TB.
267 Soc. des chevaliers sauveteurs des Alpes-Maritimes à Nice (591). Arg. avec ruban. TB.
268 Sauveteurs du littoral des Alpes-Maritimes, 1881 (593). Arg. avec ruban. TB.
269 Médaille de prix décernée par la ville de Nice pour actes de courage et de dévouement en 1883 (594). Arg. avec ruban. TB.
270 Sauveteurs aixois, 1885. Médaille de mérite (611). Br. avec ruban. TB.
271 Hospitaliers sauveteurs bretons. 1er modèle, 1873 (612). Br. doré et émaillé, avec ruban. TB.
272 Soc. des sauveteurs médaillés de Cognac, 1874 (615). Arg. avec ruban. TB.
273 Soc. des sauveteurs de la Charente, 1865 (616). Arg. avec ruban. TB.

274 Soc. de sauvetage de la Corrèze. 2e modèle (624). Arg. avec ruban. TB.

275 Sauveteurs médaillés de la Côte-d'Or, 1889 (626). Arg. avec ruban. TB.

276 Sauveteurs de la Dordogne, 1880 (628). Arg. avec ruban TB.

277 Soc. de sauvetage de Saint-Vallier, Drôme (629). Arg. avec ruban. TB.

278 Sauveteurs de la Gironde. 2e modèle de 1855. Médaille décernée en 1889 (633). Arg. avec ruban. TB.

279 Sauveteurs hospitaliers de la Gironde (635). Arg. avec ruban. TB.

280 Sauvetage de l'Ile-de-France, 1884 (639). Br. doré avec ruban. TB.

281 Soc. de natation et de sauvetage de Roanne (645). Arg. avec ruban. TB.

282 Sauveteurs de la ville de Reims, 1872 (653). Arg. avec ruban. TB.

283 Soc. des sauveteurs de l'Oise. 1er modèle de 1867 (660). Arg. avec ruban. TB.

284 — Autre variété. 2e modèle. République actuelle (661). Arg. avec ruban. TB.

285 Sauveteurs du Calaisis, 1881 (662). Arg. avec ruban. TB.

286 Cie maritime de sauvetage du Rhône, Lyon (668). Arg. avec ruban. TB.

287 Soc. des sauveteurs de la Seine. 1er modèle de 1845. Médaille décernée en 1872 (676). Arg. avec ruban. TB.

288 — Autre variété. 2e modèle. Médaille décernée en 1895 (678). Arg. avec ruban. TB.

289 Soc. des sauveteurs brancardiers de Châtillon et de Fontenay-aux-Roses (679). Br. doré avec ruban. TB.

290 Soc. humanitaire des sauveteurs d'Elbeuf (682). Arg. avec ruban. TB.

291 Soc. des sauveteurs de Dieppe, 1889 (693). Arg. avec ruban. TB.

292 Soc. des sauveteurs d'Avignon. 1er modèle de 1883 (697). Arg. avec ruban. TB.
293 — Même pièce sans nom de titulaire. Arg. avec ruban. TB.
294 — Autre variété. 2e modèle (698). Arg. avec ruban. TB.
295 Soc. des sauveteurs du Dernier Adieu, 1888 (702). Arg avec ruban. TB.
296 Médaille des partisans du comte de Chambord, vers 1830 (703). Arg. avec ruban. TB.
297 Académie ethnographique de la Gironde, Soc. des floberlistes de Paris, etc. 3 p. Arg. et cuiv. avec ruban. TB.
298 Campagne de Rome. Médaille de Sainte-Hélène, etc. Arg. et Br.
299 Campagne d'Italie, 1859, du Tonkin, 1883-1885 et de Madagascar, 1883-1886. 3 p. Arg. avec ruban. TB.
300 Autriche. Médaille des combattants contre la France, 1797. Arg. à bélière. 39 mm. TB.
301 Allemagne. Croix rouge. Ordre de la couronne royale de Prusse, 1861. Arg. doré et émaillé, avec ruban. TB.
302 — Même croix. Arg. émaillé, avec ruban. TB.
303 — Ambulancier volontaire. Médaille d'honneur, 1870-1871 (v. Heyden. *Décorations allemandes*, 525) Arg. avec ruban. TB.
304 — Ambulanciers, 1870-1871. Ordre d'Olga de Wurtemberg. Arg. émaillé, avec ruban. TB.
305 Hanovre. Médaille des combattants pour la campagne de 1813 (v. Heyden 233). Br. à bélière. TB.
306 Hollande. Médaille des combattants de Dordrecht pour 1813 (Wahler p. 172). Arg. bélière enlevée. TB.
307 — Médaille pour la Cie des chasseurs volontaires d'Utrecht ayant combattu à Waterloo, 1815. Arg. 35 mm. FDC.
308 Italie (Campagne d'). Deux médailles variées. Arg. TB.
309 Décorations et médailles diverses.

Médailles et Jetons

310 Marie de Médicis. Méd. gravée par P. Regnier, s. d. Buste de la reine et laboureur (*Trésor*, XXXIV. 1). Æ 47 mm. 60, 5 gr. TB.
311 Louis XIV et XV. Méd. et jetons. Æ et Cuiv.
312 Régence de Philippe d'Orléans. Alliance avec les Suisses catholiques, 1715. Br. 59 mm. TB.
313 Louis XV et XVI. Méd. et jetons. Æ. et cuiv.
314 Louis XVI. Sacre à Reims, 1775. Cliché en étain. 71 mm. B.
315 — Douze filles dotées par les États de Bourgogne, 1781. Br. 45 mm. TB.
316 — Jeton satyrique anglais rappelant sa mort, 1795. Cuiv. TB.
317 Bonaparte. Préliminaires de la paix entre Vienne et Paris, 1800 (C. Wellenh, 8375). Étain. 35 mm. TB.
318 — Paix de Lunéville. 1801. Coin de Droz. Br. 55 mm. TB.
319 — Les époux Garnerin. Ascension en ballon à Berlin, 1803. Coin de Loos. Æ. 36 mm. FDC.
320 Napoléon Ier. Prise de Vienne et de Presbourg. 1805. Br. 41 mm. TB.
321 — Chambre des notaires d'Auxerre (s. d.). Jeton en cuiv. TB. et très rare.
322 — Son mariage à Vienne, 1810. Coin de Harnisch (Mill. 260). Æ. 55 gr. Sur la tranche le mot *copie*. FDC.
323 — Alexandre Ier de Russie, le vengeur de l'Europe. Méd. de Wyon. 1812. Br. 45 mm. B.
324 — Médailles diverses. Æ. et br.
325 Marie-Louise d'Autriche, duchesse de Parme. Construction de la route et du pont à Nura, 1838. Coin de Galli. Æ. 56 mm. TB.
326 Napoléon Ier à Louis-Philippe. Médailles diverses.
327 Louis XVIII et Charles X. Æ. et br.

328 M. Frère du roi, colonel gén. de la garde nationale parisienne. Hommage à la St-Charles. 1815. Arg. 45 mm. TB.

329 Méd. de Gayrard à la mémoire des Bourbons, 1820. Arg. 56 mm. TB.

330 Louis-Philippe, duc d'Orléans. Sa lieutenance, 1830. Coin de Dieudonné. Br. 68 mm. B.

331 Charles X à Napoléon III. Ʀ. et br.

332 Mac-Mahon. Essai satyrique de 5 fr. 1874 (Dew., pl. 86, fig. 4). Br. 2 var. TB.

333 Personnages français. Méd. diverses. Br. TB.

334 Mirabeau. Méd. de Galle. 1791 (Hennin, 210). Br. doré 36 mm. TB.

335 Orange (Maurice de Nassau, prince d'). Médaillon à son buste. 1610. Cuiv. jaune uniface. 53 × 42 mm. B.

336 Vée (A.-P.-Alph.). Méd. offerte à son président fondateur par la Soc. municipale de secours mutuels dite du Faubourg St-Denis. 1870. Br. Coin de Borrel. 57 mm. FDC

337 Grands hommes français de la Galerie métallique. Br. 99 pièces. TB. Lot à diviser.

338 Réformateurs et théologiens. 21 méd. de Dassier. Br. 28 mm. TB. Lot à diviser.

339 Médailles allemandes. Arg., br. et étain.

340 Médaille religieuse de facture alsacienne. 1546. Vermeil. Pièce fondue. 60 mm. B.

341 Médaille religieuse de facture alsacienne. 1551. Vermeil. Pièce coulée et ciselée. 57 mm. TB.

342 Médaille religieuse de facture hongroise. Baptême du Christ dans le Jourdain. Rʼ. MATTH. III. HIC. EST. FILIVS. MEVS DILECTVS. etc. 1626. Dans un encadrement orné et accosté des lettres N-B. Or, 43 mm. 34 gr. B.

343 Médailles religieuses diverses. Arg. et cuiv.

344 Wren (Christophe), architecte, mort en 1723, âgé de 91 ans. Son buste à g. Rʼ Façade de l'église St-Paul de Londres. Méd. gravée par G. D. Gaab. Br. coulé. 94 mm. TB.

345 Italie, Russie, etc. Arg. et br. — 14 p. B.
345 *bis*. Roumanie. Fondation de l'asile Elena-Domna. 1862. Méd. de Caqué. Br. 51 mm. TB.
346 Suisse. Méd. concernant Genève. Br. — 6 p. TB.
347 Méd. diverses. Arg. et cuiv.
348 Lot de monnaies romaines, de médailles, etc. (Arg. et bill. 130 gr.) et cuivre.
348 *bis*. Trouvaille de deniers de Charles III, Henri et Charles IV, ducs de Lorraine. 153 pièces.
349 Louis XIII et Régence. Conseil. 1631 et 1644. 2 jetons. Arg. TB.
350 Louis XIV. Bâtiments. 1709. Jeton. Arg. TB.
351 — Secrétaires du roi. 1705. Jeton. Arg. TB.
352 — Chambre aux deniers. 1695. Jeton. Arg. TB.
353 — Trésor royal. 1698 et 1704. 2 jetons. Arg. TB.
354 Louis XV. Bâtiments. S. d. Jeton arg. TB.
355 — Secrétaires du roi. 1731. Deux jetons variés. Arg. TB.
356 — Trésor royal. 1736 et 1737. Deux jetons. Arg. TB.
357 — Artillerie. S. d. Jeton. Arg. TB.
358 — Extraordinaire des guerres, 1730, 1763, 1766 et 1770. Quatre jetons. Arg. TB.
359 Louis XVI. Bâtiments du roi. S. d. (revers de 1736). Jeton. Arg. TB.
360 — Extraordinaire des guerres. 1777. Jeton. Arg. TB.
361 Paris. Faculté de médecine. Reneaume, doyen. 1736. Jeton. Cuiv. TB.
362 — Baron, doyen. 1751. Jeton. Cuiv. TB.
363 — Boyer, doyen et chev. de St-Michel. 1758. Jeton. Cuiv. B.
364 — Le Vacher de la Feutrie, doyen. 1780. Jeton. Cuiv. B.
365 — Méd. de Galle au buste d'Hippocrate. 1809. Br. 33 mm. TB.
366 — Société médicale d'émulation. 1807. Petite méd. de Galle au buste de X. Bichat. Br. 28 mm. B.
367 — Guillotin, docteur régent de la Faculté. 1810. Arg. 28 mm. TB.
368 — Le même. Autre variété. 1812. Br. 28 mm. FDC.

369 — Société médico-philantropique. 1806. Jeton. Cuiv. TB.
370 — Hôpital militaire de perfectionnement. Jeton de concours sous Louis-Philippe. Coin de Caqué. Arg. octog. TB.
371 — Hospices civils. Jurys des concours. Méd. au buste d'Hippocrate, ni signée ni datée. Arg. 35 mm. TB.
372 — Collège de pharmacie. 1778. Jeton. Arg. TB.
373 — Pharmacien de Paris, époque Louis XIII. Ses armes et le jardin pharmaceutique. Jeton. Arg. TB.

374 — Hôpital de la Charité. Clinique interne. Méd. offerte au prof. Bouillard par ses élèves, 1836. Br. 42 mm. TB.
375 — Jetons variés relatifs à la médecine, etc. Cuivre.
376 — *Porte faix.* Plaque uniface. Br. à bélière. 55 mm. TB.
377 — Plaque ovale satyrique gravée. 1re République. Cuiv. 50×45 mm. B.
378 — *Ordre public.* Plaque gravée au coq. Cuiv. 39 mm. B.
379 — *Porteur de charbon.* Plaque en forme d'écusson (Florange. *Mines*, 251). Cuiv. à bélière. 54×42 mm. TB.
380 — Huit plaques de marchands. Cuiv. B.
380 *bis.* Méjean, comte de l'Empire, né à Montpellier. Plaque ovale et signée Merlen, aux armes accolées de Méjean et de N. Cuiv. repoussé. TB.
381 — L'Europe. Cie d'assurance fondée en 1852. Coin de Ferrand. Arg. octog. TB.
382 Rouen. Le Cousteulx, maire. 1764. Jeton. Arg. TB.
383 Lisieux. Abbaye de Saint-Désir. Saint Désir et saint Eutrope debout. R'. La Vierge à l'Enfant debout

1600 (Bordeaux. *Note sur des méreaux inédits du chapitre d'Évreux et de l'abbaye de Saint-Désir de Lisieux*. Caen, 1852). Arg. TB. *Très rare*.

384 Tours. Cop de Pocé, maire. 1764. Jeton. Arg. TB.

385 Angers. Deux jetons variés de la mairie. Arg. TB.

386 Bretagne. États, S. d., 1717, 1722, etc. Sept jetons variés. Arg. TB.

387 Nantes. Moricaud, maire. 1739. Jeton. Arg. TB.

388 — Gellée de Premion, maire. 1776. Jeton. Arg. TB.

389 Thiers. Agent de police. Plaque ovale gravée (Louis XVI). Cuiv. à bélière. 63×54 mm. B.

390 Fontainebleau. Notaires. 6 jetons variés. Arg. octog. TB.

391 Besançon. Jeton ou 8e de teston. Buste de l'emp. Charles-Quint à g. ; à l'exergue, inscription. ℟. + BISVNTINA : CIVITAS : 1542. Écu de Besançon sur l'aigle impérial (Fouray de Busselet, pl. I fig. 1. — *Pas dans* Poey-d'Avant). Arg. *Rare*. B.

392 Volontaire du département du Doubs. Bouton de la 1re République. Cuiv. B.

393 Lallemant de Liocourt, seig^r de Roppe, Liebentswiller, Lachapelle et Liocourt (Alsace et Lorraine), 1682. Pièce frappée vers 1860 (Florange, *Armorial du jetonophile*, 759 *bis*). Cuiv. 31 mm. TB.

394 Artois. États. Deux jetons de Gatteaux au buste de Louis XVI. Arg. TB.

395 Groningue. Hospice. Méreau de 1559 (Minard, p. 254). Cuiv. uniface. TB.

395 *bis*. Hendersom, famille hollandaise. Écu à ses armes (parti-emmanché de 3 pièces, au chef un croissant entre deux mouchetures d'hermine), au-dessus, casque. ℟. VIRTUS NOBILITATIS. Avant-bras posé en pal sur un bourrelet de cimier ; au-dessus une comète. Cuiv. carré. XVIIe siècle. 26 mm. TB.

396 Pamele-lès-Audenarde. Méreau (Minard, p. 47). Plomb. TB.

397 Lot de jetons anglais. Cuiv. B. et TB.

Cachets, etc.

398 Prytanée français. Rép. fr. Faisceau entre deux branches de laurier. Cuiv. à douille. 28×24 mm. TB.

399 Commissaire des guerres Dauzeret. Aigle imp. sous la couronne. 1er Empire. Cuiv. à douille. 30×26 mm. TB.

400 2e bataillon de la Meurthe. Rép. fr. Cuiv. 28×24 mm. B.

401 Cartouche à un monogramme entouré de feuillage ; au-dessous canon, obusiers, etc. Cuiv. à douille. 25×21 mm. TB.

402 Consistoire israélite de la circonscription de Bordeaux. L'aigle imp. acc. les tables de la loi. 1er Empire. Cuiv. à douille. 32 mm. TB.

403 Juge de paix du canton de Saint-Aignan. 1re Rép. Cuiv. à douille. 30×25 mm. TB.

404 Commune de Jaunac (Ardèche). Timbre. 1re Rép. Cuiv. à douille avec manche en bois. 35×28 mm. TB.

405 Cachet breloque. Portrait d'un roi oriental et saint Georges. XVIIe siècle. Belle pièce.

405 *bis*. Bulles de plomb papales, cachets, etc.

406 Coin de la médaille d'honneur remise par le sultan Sélim III à des officiers anglais après la bataille d'Aboukir et aussi après l'évacuation de l'Égypte par les Français, 1801. Acier.

Ouvrages de Numismatique.

407 Barre (A.). Graveurs généraux et particuliers des monnaies de France. Paris, 1867. In-4°. Br.

407 *bis*. Bonneville. Traité des monnaies d'or et d'arg. etc. Paris, 1806. In-fol. Rel. 129 planches. — Nouveau traité des monnaies d'or et d'argent. Paris, 1849. In-fol. Rel. 195 pl.

408 Breton. Histoire illustrée des monnaies et jetons du Canada. Montréal, 1894. In-4°. Br.

409 Chautard (J.). Imitations de quelques types monétaires

propres à la Lorraine et aux pays limitrophes. Nancy, 1872. In-8°. 15 pl. Br. — Imitations des monnaies au type du gros tournois. Bruxelles. 1872. In-8°. 2 pl. Br.

410 — Jetons des princes de Bourbon-Vendôme. 2 parties.

411 Clouet (F.). Recherches sur les monnaies frappées à Verdun-s.-Meuse depuis l'époque celtique. Verdun, 1850. In-8°. 1 pl. Br.

412 Dancoisne (L.). Recueil historique de monnaies, méreaux et jetons de Béthune. Arras, 1859. In-8°. 27 pl. Br.

413 Dewamin (E.). Cent ans de numismatique française de 1789 à 1889. 2e volume. Histoire du numéraire. Paris, 1895. Gr. in-fol. Br.

414 Dewismes (Ad.). Catalogue raisonné des monnaies du comté d'Artois. Saint-Omer, 1866. In-8° 14 pl. Br.

415 Fillon (B.). Considérations historiques et artistiques sur les monnaies de France. Fontenay-Vendée. 1850. In-8°. Br.

416 Gnecchi (F.). Monete romane (Guide à prix marqués). Milan, 1896. In-12 avec pl. et vignettes. Toile.

417 Loir. Recherches sur des monnaies, méreaux, sceaux, jetons historiques de la ville de Mantes. Paris, 1859. In-8°. 5 pl. Br.

418 Monnier. Mémoire sur les monnaies des ducs bénéficiaires de Lorraine. Nancy, 1863. In-8°. 4 pl. Cartonné.

419 Morel-Fatio. Les monnaies inédites de Dezana, Frinco et Passerano. Paris, 1865. 2 parties. 6 pl. In-8°. Br.

420 Musée rétrospectif de la classe 63 de 1900. Exploitation des mines, minières et carrières. Paris. In-4°. Br. Planche de médailles.

421 Nahuys. Histoire numismatique de la Hollande pendant la réunion à l'Empire français. Utrecht, 1863. In-4°. 15 pl. Cartonné.

422 Promis (D.). Monete dei Paleologi marchesi di Monferrato. Turin, 1858. In-8°. 7 pl. Br.

422 *bis*. Raadt (de). Sceaux armoriés des Pays-Bas et des pays avoisinants, t. Ier. Bruxelles, 1898. Gr. in-8° avec planches. Br.

423 Robert (Ch.). Sigillographie de Toul. Paris, 1868. In-4°. 41 pl. Br.
424 Roret. Nouveau manuel de numismatique du moyen-âge et moderne. Paris, 1890. In-12. 2 vol. reliés et atlas oblong broché avec 14 pl.
425 — Numismatique ancienne. Paris, 1866. In-12. Br. *Sans l'atlas.*
426 Saulcy (F. de). Recherches sur les monnaies des comtes et ducs de Bar. Paris, 1843. In-4°. 7 pl. Br.
427 — Souvenirs numismatiques de la Révolution de 1848. Paris, 1848. In-4°. Br. *Incomplet.*
428 Zay (E.). Histoire monétaire des colonies françaises. *Avec supplément.* Paris 1892 et 1904. In-8°. Br.
428 *bis.* Annuaire de la soc. fr. de num. et d'arch., t. III (3e partie), t. IV à VII, incl. Paris, 1870 et 1873 à 1883. Br.
428 *ter.* Comptes rendus de la soc. fr. de num. et d'arch., t. III à VII. Paris, 1872 à 1879. Série complète et brochée.
429 Ouvrages et brochures de Berry, du duc de Blacas, de Bompois, d'Engel, etc.
430 Catalogues des ventes Chaix, Dassy, Crignon de Montigny, Gnecchi, Gréau, Jarry, Lécluse, Meyer, Mailliet, Monnier, Norblin, Petetin, Photiades-Pacha, Ponton d'Amécourt, Régnault, Rossi, Alliance des arts, etc.
430 *bis.* Lots d'arrêts, d'édits, lois concernant les monnaies.

Médaillier.

431 Armoire à glace en noyer, bois plein, dans laquelle il y a 104 tiroirs à médailles. Largeur 1 m. 14, hauteur 2 m. 28 et profondeur 0 m. 49.
432 Médaillier en bois blanc bruni, à quinze tiroirs. Largeur 0 m. 81. Hauteur 0 m. 51 et profondeur 0 m. 37.

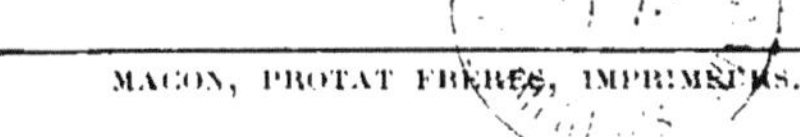

MACON, PROTAT FRÈRES, IMPRIMEURS.

MACON, PROTAT FRÈRES, IMPRIMEURS.

www.ingramcontent.com/pod-product-compliance
Ingram Content Group UK Ltd.
Pitfield, Milton Keynes, MK11 3LW, UK
UKHW020530180726
13839UKWH00005B/2416